L'ANARCHIA

ERRICO MALATESTA

L'ANARCHIA

L'*Anarchia* è parola che viene dal greco, e significa propriamente *senza governo*: stato di un popolo che si regge senza autorità costituite, senza governo.

Prima che tale organamento incominciasse ad essere considerato come possibile e desiderabile da tutta una categoria di pensatori, e fosse preso a scopo da un partito, che è ormai diventato uno dei più importanti fattori delle moderne lotte sociali, la parola anarchia era presa universalmente nel senso di disordine, confusione; ed è ancor oggi adoperata in tal senso dalle masse ignare e dagli avversari interessati a svisare la verità.

Noi non entreremo in disquisizioni filologiche, poiché la questione non è filologica, ma storica. Il senso volgare della parola non misconosce il suo significato vero ed etimologico; ma è un derivato di quel senso, dovuto al pregiudizio che il governo fosse organo necessario della vita sociale, e che per conseguenza una società senza governo dovesse essere in preda al disordine, ed oscillare tra la prepotenza sfrenata degli uni e la vendetta cieca degli altri.

L'esistenza di questo pregiudizio e la sua influenza nel senso che il pubblico ha dato alla parola *anarchia*, si spiega facilmente.

L'uomo, come tutti gli esseri viventi, si adatta e si abitua alla condizione in cui vive, e trasmette per eredità le abitudini acquisite. Così, essendo nato e vissuto nei ceppi, essendo l'erede di una lunga progenie di schiavi, l'uomo, quando ha incominciato a pensare, ha creduto che la schiavitù fosse condizione essenziale della vita, e la libertà gli è sembrata cosa impossibile. In pari modo, il lavoratore, costretto per secoli e quindi abituato ad attendere il lavoro, cioè il pane, dal buon volere del padrone, ed a vedere la sua vita continuamente alla mercé di chi possiede la terra ed il capitale, ha finito col credere che sia il padrone che dà da mangiare a lui, e vi domanda ingenuamente come si potrebbe fare a vivere se non vi fossero i signori.

Così uno, il quale fin dalla nascita avesse avuto le gambe legate e pure avesse trovato modo di camminare alla men peggio, potrebbe attribuire la sua facoltà di muoversi precisamente a quei legami, che invece non fanno che diminuire e paralizzare l'energia muscolare delle sue gambe.

Se poi agli effetti naturali dell'abitudine s'aggiunga l'educazione data dal padrone, dal prete, dal professore, ecc., i quali sono interessati a predicare che i signori ed il governo sono necessari; se si aggiunga il giudice ed il birro, che si forzano di ridurre al silenzio chi pensasse diversamente e fosse tentato a propagare il suo pensiero, si comprenderà come abbia messo radice, nel cervello poco coltivato della massa laboriosa, il pregiudizio della utilità, della necessità del padrone e del governo.

Figuratevi che all'uomo dalle gambe legate, che abbiamo supposto, il medico esponesse tutta una teoria e mille esempi abilmente inventati per persuaderlo che colle gambe sciolte egli non potrebbe né camminare, né vivere; quell'uomo difenderebbe rabbiosamente i suoi legami e considererebbe nemico chi volesse spezzarglieli.

Dunque, poiché si è creduto che il governo fosse necessario e che senza governo non si potesse avere che disordine e confusione, era naturale e logico che anarchia, che significa assenza di governo, suonasse assenza di ordine.

Né il fatto è senza riscontro nella storia delle parole.

Nelle epoche e nei paesi, in cui il popolo ha creduto

necessario il governo di un solo (*monarchia*), la parola repubblica, che è il governo dei più, è stata usata appunto nel senso di disordine e di confusione: e questo senso si ritrova ancora vivo nella lingua popolare di quasi tutti i paesi.

Cambiate l'opinione, convincete il pubblico che il governo non solo non è necessario, ma è estremamente dannoso, ed allora la parola anarchia, appunto perché significa assenza di governo, vorrà dire per tutti: ordine naturale, armonia dei bisogni e degl'interessi di tutti, libertà completa nella completa solidarietà.

Hanno dunque torto coloro che dicono che gli anarchici hanno malamente scelto il loro nome, perché questo nome è erroneamente inteso dalle masse e si presta ad una falsa interpretazione. L'errore non dipende dalla parola, ma dalla cosa; e le difficoltà che incontrano gli anarchici nella propaganda non dipendono dal nome che si danno, ma dal fatto che il loro concetto urta tutti gl'inveterati pregiudizi, che il popolo ha sulla funzione del governo, o, come pur si dice, dello Stato.

Prima di procedere è bene spiegarsi su quest'ultima parola, la quale, a parer nostro, è davvero causa di molti malintesi.

Gli anarchici, e noi fra loro, ci siamo serviti e ci serviamo ordinariamente della parola *Stato*, intendendo per essa tutto quell'insieme d'istituzioni politiche, legislative, giudiziarie, militari, finanziarie, ecc. per le quali sono sottratte al popolo la gerenza dei propri affari, la direzione della propria condotta, la cura della propria sicurezza, e sono affidate ad alcuni che, o per usurpazione o per delegazione, si trovano investiti del diritto di far le leggi su tutto e per tutti e di costringere il popolo a rispettarle, servendosi all'uopo della forza di tutti.

In questo caso la parola *Stato* significa *governo*, o, se si vuole, è l'espressione impersonale, astratta di quello stato di cose, di cui il governo è la personificazione: e quindi le espressioni *abolizione dello Stato, Società senza Stato*, ecc. rispondono perfettamente al concetto che gli anarchici vogliono esprimere, di distruzione di ogni ordinamento politico fondato sull'autorità, e di costituzione di una società di liberi ed uguali, fondata sull'armonia degli interessi e sul concorso volontario di tutti al compimento dei carichi sociali.

Però la parola *Stato* ha molti altri significati, e fra questi alcuni che si prestano all'equivoco, massime quando essa si adopera con uomini, cui la triste posizione sociale non ha dato agio di abituarsi alle delicate distinzioni del linguaggio scientifico, o, peggio ancora, quando si adopera con avversari in mala fede che hanno interesse a confondere e non voler comprendere.

Così la parola *Stato* si usa spesso per indicare una data società, una data collettività umana, riunita sopra un dato territorio e costituente quello che si dice un corpo morale, indipendentemente dal modo come i membri di detta collettività sono aggruppati e dai rapporti che corrono tra di loro. Si usa anche semplicemente come sinonimo di società. È a causa di questi significati della parola Stato, che gli avversari credono, o piuttosto fingono di credere che gli anarchici intendono abolire ogni connessione sociale, ogni lavoro collettivo e ridurre gli uomini all'isolamento, cioè ad una condizione peggio che selvaggia.

Per *Stato* s'intende pure l'amministrazione suprema di un paese, il potere centrale, distinto dal potere provinciale o comunale; e per questo altri credono che gli anarchici vogliono un semplice discentramento territoriale, lasciando intatto il principio governativo, e confondono così l'anarchia col *cantonalismo* e col *comunalismo*.

Stato significa infine condizione, modo di essere, regime di vita sociale, ecc. e perciò noi diciamo, per esempio, che *bisogna cambiare lo stato economico della classe operaia*, o che *lo stato anarchico è il solo stato sociale fondato sul principio di solidarietà*, ed altre frasi simili, che in bocca a noi, che poi in altro senso diciamo di voler abolire lo Stato, possono a prima giunta sembrare barocche o contraddittorie.

Per dette ragioni noi crediamo che varrebbe meglio adoperare il meno possibile l'espressione *abolizione dello Stato* e sostituirla con l'altra più chiara e più concreta *abolizione del governo*.

In ogni modo è quello che faremo nel corso di questo lavoretto.

Abbiamo detto che l'anarchia è la società senza governo.

Ma è possibile, è desiderabile, è prevedibile la soppressione dei governi? Vediamo. Che cosa è il governo? La tendenza metafisica (che è una malattia della mente, per la quale l'uomo, dopo di avere per processo logico astratto da un essere le sue qualità, subisce una specie di allucinazione che gli fa prendere l'astrazione per un essere reale), la tendenza metafisica, diciamo, che malgrado i colpi della scienza positiva, ha ancora salde radici nella mente della più parte degli uomini contemporanei, fa sì che molti concepiscono il governo come un ente morale, con certi dati attributi di ragione, di giustizia, di equità, che sono indipendenti dalle persone che stanno al governo. Per essi il governo, e più astrattamente ancora lo Stato, è il potere sociale astratto; è il rappresentante, astratto sempre, degl'interessi generali; è l'espressione del diritto di tutti, considerato come limite dei diritti di ciascuno. E questo modo di concepire il governo è appoggiato dagli interessati, cui preme che sia salvo il principio di autorità, e sopravviva sempre alle colpe ed agli errori di coloro che si succedono nell'esercizio del potere.

Per noi, il governo è la collettività dei governanti; ed

i governanti - re, presidenti, ministri, deputati, ecc. - sono coloro che hanno la facoltà di fare delle *leggi* per regolare i rapporti degli uomini tra di loro, e farle eseguire; di decretare e riscuotere l'imposta; di costringere al servizio militare; di giudicare e punire i contravventori alle leggi; di sottoporre a regole, sorvegliare e sanzionare i contratti privati; di monopolizzare certi rami della produzione e certi servizi pubblici, o, se vogliono, tutta la produzione e tutti i servizi pubblici; di promuovere o ostacolare lo scambio dei prodotti; di far la guerra o la pace *con* governanti di altri paesi, di concedere o ritirare franchigie, ecc., ecc. I governanti in breve, sono coloro che hanno la facoltà, in grado più o meno elevato, di servirsi della forza sociale, cioè della forza fisica, intellettuale ed economica di tutti, per obbligare tutti a fare quello che vogliono essi. E questa facoltà costituisce, a parer nostro, il principio governativo, il principio di autorità.

Ma quale è la ragion d'essere del governo?

Perché abdicare nelle mani di alcuni individui la propria libertà, la propria iniziativa? Perché dar loro questa facoltà di impadronirsi, con o contro la volontà di ciascuno, della forza di tutti e disporne a loro modo? Sono essi tanto eccezionalmente dotati da potersi, con qualche apparenza di ragione, sostituire alla massa e fare gli interessi, tutti gli interessi degli uomini meglio di quello che saprebbero farlo gli interessati? Sono essi infallibili ed incorruttibili al punto da potere affidare, con un sembiante di prudenza, la sorte di ciascuno e di tutti alla loro scienza e alla loro bontà?

E quand'anche esistessero degli uomini di una bontà e di un sapere infiniti, quand'anche, per un'ipotesi che non si è mai verificata nella storia e che noi crediamo impossibile a verificarsi, il potere governativo fosse devoluto ai più capaci ed ai più buoni, aggiungerebbe il possesso del governo qualche cosa alla loro potenza benefica, o piuttosto la paralizzerebbe e la distruggerebbe per la necessità, in cui si trovano gli uomini che sono al governo, di occuparsi di tante cose che non intendono, e sopra tutto di sciupare il meglio della loro energia per mantenersi al potere, per contentare gli amici, per tenere a freno i malcontenti e per domare i ribelli?

E ancora, buoni o cattivi, sapienti o ignari che siano i governanti, chi è che li designa all'alta funzione? Si impongono da loro stessi per diritto di guerra, di conquista, o di rivoluzione? Ma allora che garanzia ha il pubblico che essi s'ispireranno all'utilità generale? Allora è pura questione di usurpazione, ed ai sottoposti, se malcontenti, non resta che l'appello alla forza per scuotere il giogo. Sono scelti da una data classe, o da un partito? E allora certamente trionferanno gl'interessi e le idee di quella classe o di quel partito, e la volontà e gl'interessi degli altri saranno sacrificati. Sono eletti a suffragio universale? Ma allora il solo criterio è il numero, che certo non è prova né di ragione, né di giustizia, né di capacità. Gli eletti sarebbero coloro che meglio sanno ingarbugliare la massa; e la minoranza, che può anche essere la metà meno uno, resterebbe sacrificata. E ciò senza contare che l'esperienza ha dimostrato l'impossibilità di trovare un meccanismo elettorale, pel quale gli eletti siano almeno i rappresentanti reali della maggioranza.

Molte e varie sono le teorie, con cui si è tentato spiegare e giustificare l'esistenza del governo. Però tutte sono fondate sul preconcetto, confessato o no, che gli uomini abbiano interessi contrari, e che vi sia bisogno di una forza esterna, superiore, per obbligare gli uni a rispettare gl'interessi degli altri, prescrivendo ed imponendo quella regola di condotta, con cui gli interessi in lotta siano il meglio possibile armonizzati, ed in cui ciascuno trovi il massimo di soddisfazione col minimo di sacrifici possibili.

Se, dicono i teorici dell'autoritarismo, gli interessi, le tendenze, i desiderii di un individuo sono in opposizione con quelli di un altro individuo o magari di tutta quanta la società, chi avrà il diritto e la forza di obbligare l'uno a rispettare gli interessi dell'altro? Chi potrà impedire al singolo cittadino di violare la volontà generale? La libertà di ciascuno, essi dicono, ha per limite la libertà degli altri; ma chi stabilirà questi limiti e chi li farà rispettare? Gli antagonisti naturali degli interessi e delle passioni creano la necessità del governo, e giustificano l'autorità, che interviene moderatrice nella lotta sociale, e segna i limiti dei diritti e dei doveri di ciascuno.

Questa è la teoria; ma le teorie per essere giuste debbono esser basate sui fatti e spiegarli e si sa bene come in economia sociale troppo spesso le teorie s'inventano per giustificare i fatti, cioè per difendere il privilegio e farlo accettare tranquillamente da coloro che ne sono le vittime.

Guardiamo piuttosto ai fatti.

In tutto il corso della storia, così come nell'epoca attuale, il governo, o è la dominazione brutale, violenta, arbitraria di pochi sulle masse, o è uno strumento ordinato ad assicurare il dominio ed il privilegio a coloro che, per forza, o per astuzia, o per eredità, hanno accaparrato tutti i mezzi di vita, primo tra essi il suolo, e se ne servono per tenere il popolo in servitù e farlo lavorare per loro conto.

In due modi si opprimono gli uomini: o direttamente colla forza bruta, colla violenza fisica; o indirettamente sottraendo loro i mezzi di sussistenza e riducendoli così a discrezione. Il primo modo è l'origine del potere, cioè del privilegio politico; il secondo è l'origine della proprietà, cioè del privilegio economico. Si può anche sopprimere gli uomini agendo sulla loro intelligenza e sui loro sentimenti, il che costituisce il potere religioso, o *universitario*; ma come lo spirito non esiste se non in quanto risultante delle forze materiali, così la menzogna ed i corpi costituiti per propagarla non hanno ragion d'essere se non in quanto sono la conseguenza dei privilegi politici ed economici, ed un mezzo per difenderli e consolidarli.

Nelle società primitive, poco numerose e dai rapporti sociali poco complicati, quando una circostanza qualsiasi ha impedito che si stabilissero delle abitudini, dei *costumi* di solidarietà, o ha distrutti quelli che esistevano e stabilito la dominazione dell'uomo sull'uomo, i due poteri politico ed economico si trovano raccolti nelle stesse mani, che possono anche essere quelle di un uomo solo. Coloro che colla forza han vinti ed impauriti gli altri, dispongono delle persone e delle cose dei vinti, e li costringono a servirli, a lavorare per loro ed a fare in tutto la loro volontà.

Essi sono nello stesso tempo proprietari, legislatori, re, giudici e carnefici.

Ma coll'ingrandirsi delle società, col crescere dei bisogni, col complicarsi dei rapporti sociali, diventa impossibile l'esistenza prolungata di un tale dispotismo. I dominatori, e per sicurezza e per comodità e per l'impossibilità di fare altrimenti, si trovano nella necessità da una parte di appoggiarsi sopra una classe privilegiata, cioè sopra un certo numero d'individui cointeressati nel loro dominio, e dall'altra di lasciare che ciascuno provveda come può alla propria esistenza, riservandosi per loro il dominio supremo, che è il diritto di sfruttare tutti il più possibile, ed è il modo di soddisfare la vanità di comando. Così all'ombra del potere, per la sua protezione e complicità, e spesso a sua insaputa e per cause che sfuggono al suo controllo, si sviluppa la ricchezza privata, cioè la classe dei proprietari. E questi, concentrando a poco a poco nelle loro mani i mezzi di produzione, le fonti vere della vita, agricoltura, industria, scambi, ecc. finiscono col costituire un potere a sé, il quale, per la superiorità dei suoi mezzi, e la grande massa d'interessi che abbraccia, finisce sempre col sottomettere più o meno apertamente il potere politico, cioè il governo, e farne il proprio gendarme.

Questo fenomeno si è riprodotto più volte nella storia. Ogni volta che, con l'invasione o con qualsiasi impresa militare, la violenza fisica, brutale ha preso il disopra di una società, i vincitori hanno mostrato tendenza a concentrare nelle proprie mani governo e proprietà. Però sempre, la necessità per il governo di conciliarsi la complicità di una classe potente, le esigenze della produzione, l'impossibilità di tutto sorvegliare e tutto dirigere, ristabilirono la proprietà privata, la divisione dei due poteri, e con essa la dipendenza effettiva di chi ha in mano la forza, i governi, da chi ha in mano le sorgenti stesse della forza, i proprietari. Il governante finisce sempre, fatalmente, coll'essere il gendarme del proprietario.

Ma mai questo fenomeno si era tanto accentuato quanto nei tempi moderni. Lo sviluppo della produzione, l'estendersi immenso dei commerci, la potenza smisurata che ha acquistato il denaro, e tutti i fatti economici provocati dalla scoperta dell'America, dall'invenzione delle macchine, ecc. hanno assicurato tale supremazia alla classe capitalistica, che essa, non contenta più di disporre dell'appoggio del governo, ha voluto che il governo uscisse dal proprio seno. Un governo che traeva la sua origine dal diritto di conquista (*diritto divino*, dicevano i re ed i loro preti) per quanto sottoposto dalle circostanze alla classe capitalistica, conservava sempre un contegno altero e disprezzante verso i suoi antichi schiavi ora arricchiti, e aveva delle velleità d'indipendenza e di dominazione. Quel governo era bensì il difensore, il gendarme dei proprietari, ma era di quei gendarmi che si credono qualche cosa, e fanno gli arroganti colle persone che debbono scortare e difendere, quando non le svaligiano ed ammazzano alla prima svolta di strada; e la classe capitalista se ne è sbarazzata o se ne va sbarazzando, con mezzi più o meno violenti, per sostituirlo con un governo scelto da essa stessa, composto di membri della sua classe, continuamente sotto il suo controllo, e specialmente organizzato per difendere la classe contro le possibili rivendicazioni dei diseredati.

Di qui l'origine del sistema parlamentare moderno.

Oggi il governo, composto di proprietarie e di gente a loro ligia, è tutto a disposizione dei proprietarii, e lo è tanto che i più ricchi spesso disdegnano di farne parte. Rotschild non ha bisogno di essere né deputato, né ministro; gli basta tenere alla sua dipendenza deputati e ministri.

In molti paesi il proletariato ha nominalmente una partecipazione più o meno larga all'elezione del governo. È una concessione che la borghesia ha fatto, sia per avvalersi del concorso popolare nella lotta contro il potere reale e l'aristocrazia, sia per distogliere il popolo dal pensare ed emanciparsi col dargli un'apparenza di sovranità.

Però, che la borghesia lo prevedesse o no quando per la prima volta concedeva al popolo il diritto al voto, il certo è che quel diritto si è mostrato affatto irrisorio, e buono solo a consolidare il potere della borghesia col dare alla parte più energica del proletariato la speranza illusoria di arrivare al potere.

Anche col suffragio universale, e, potremmo dire, specialmente col suffragio universale, il governo è restato il servo e il gendarme della borghesia. Che se fosse altrimenti, se il governo accennasse a divenire ostile se la *democrazia* potesse mai essere altro che una lustra per ingannare il popolo, la borghesia minacciata nei suoi interessi s'affretterebbe a ribellarsi, ed adopererebbe tutta la forza e tutta l'influenza che le viene dal possesso della ricchezza, per richiamare il governo alla funzione di semplice suo gendarme.

In tutti i tempi e in tutti i luoghi qualunque sia il nome che piglia il governo, qualunque sia la sua origine e la sua organizzazione, la sua funzione essenziale è sempre quella di opprimere e sfruttare le masse, di difendere gli oppressori e gli sfruttatori; ed i suoi organi principali, caratteristici, indispensabili sono il birro e l'esattore, il soldato ed il carceriere, ai quali si aggiunge immancabilmente il mercante di menzogne, prete o professore che sia, stipendiato o protetto dal governo per asservire gli spiriti e farli docili al giogo.

Certamente a queste funzioni primarie, a questi

organi essenziali del governo altre funzioni ed altri organi si sono aggiunti lungo il corso della storia. Ammettiamo puranco che mai o quasi ha potuto esistere, in un paese alquanto civilizzato, un governo che oltre le funzioni oppressive e spogliatrici, non se ne attribuisse altre utili o indispensabili alla vita sociale. Ma ciò non infirma il fatto che il governo è di sua natura oppressivo e spogliatore, e che è, per l'origine e la posizione sua, fatalmente portato a difendere e rinforzare la classe dominante; anzi lo conferma ed aggrava.

Il governo infatti si piglia la briga di proteggere, più o meno, la vita dei cittadini contro gli attacchi diretti e brutali; riconosce e legalizza un certo numero di diritti e doveri primordiali e di usi e costumi senza di cui è impossibile vivere in società; organizza e dirige certi esercizii pubblici, come posta, strade, igiene pubblica, regime delle acque, bonifiche, protezioni delle foreste, ecc., apre orfanotrofi ed ospedali, e si compiace spesso di atteggiarsi, solo in apparenza s'intende, a protettore e benefattore dei poveri e dei deboli. Ma basta osservare come e perché esso compie queste funzioni, per riscontrarvi la prova sperimentale, pratica che tutto quello che il governo fa è sempre ispirato dallo spirito di dominazione, ed ordinato a difendere, allargare e perpetuare i privilegi propri, e quelli della classe di cui egli è il rappresentante ed il difensore.

Un governo non può reggersi a lungo senza nascondere la sua natura dietro un pretesto di utilità generale; esso non può far rispettare la vita dei privilegiati senza darsi l'aria di volerla rispettata in tutti; non può far accettare i privilegi di alcuni senza fingersi custode del diritto di tutti.

"La legge" dice Kropotkin, e s'intende coloro che han fatta la legge, cioè il governo, "ha utilizzato i sentimenti sociali dell'uomo per far passare insieme ai precetti di morale che l'uomo accettava, degli ordini utili alla minoranza degli sfruttatori, contro di cui egli si sarebbe ribellato".

Un governo non può volere che la società si disfaccia, poiché allora verrebbe meno a sé ed alla classe dominante il materiale da sfruttare; né può lasciare ch'essa si regga da sé senza intromissioni ufficiali, poiché allora il popolo si accorgerebbe ben presto che il governo non serve se non a difendere i proprietarii che l'affamano, e si affretterebbe a sbarazzarsi del governo e dei proprietarii.

Oggi di fronte ai reclami insistenti e minacciosi del proletariato, i governi mostrano la tendenza ad intromettersi nelle relazioni tra padroni ed operai; con ciò tentano di deviare il movimento operaio, e di impedire, con qualche ingannevole riforma, che i poveri prendano da loro stessi tutto quello che spetta loro, cioè una parte di benessere eguale a quella di cui godono gli altri.

Bisogna inoltre tenere in conto, da una parte che i borghesi, cioè i proprietarii, stanno essi stessi continuamente a farsi la guerra ed a mangiarsi tra loro; e dall'altra parte che il governo, per quanto uscito dalla borghesia e servo e protettore di essa, tende, come ogni servo ed ogni protettore, ad emanciparsi ed a dominare il protetto. Quindi quel giuoco d'altalena, quel barcamenarsi, quel concedere e ritirare, quel cercare alleati tra il popolo, contro i conservatori, e tra i conservatori contro il popolo, che è la scienza dei governanti, e che fa illusione agli ingenui ed ai neghittosi, i quali stanno sempre ad aspettare che la salvezza venga loro dall'alto.

Con tutto questo il governo non cambia natura. Se si fa regolatore e garante dei diritti e dei doveri di ciascuno, esso perverte il sentimento di giustizia: qualifica reato e punisce ogni atto che offende o minaccia i privilegi dei governanti e dei proprietari, e dichiara giusto, *legale*, il più atroce sfruttamento dei miserabili, il lento e continuo assassinio morale e materiale, perpetrato da chi possiede a danno di chi non possiede. Se si fa amministratore dei servizi pubblici, esso mira ancora e sempre agli interessi dei governanti e dei proprietarii, e non si occupa degli interessi della massa lavoratrice se non in quanto è necessario perché la massa consenta a pagare. Se si fa istitutore, esso inceppa la propagazione del vero, e tende a preparare la mente ed il cuore dei giovani, perché diventino o tiranni implacabili, o docili schiavi, secondo la classe a cui appartengono. Tutto nelle mani del governo diventa mezzo per sfruttare, tutto diventa istituzione di polizia, utile per tenere il popolo a freno.

E doveva esser così. Se la vita degli uomini è lotta tra uomini vi sono naturalmente vincitori e perdenti, ed il governo che è il premio della lotta, ed un mezzo per assicurare ai vincitori i risultati della vittoria e perpetuarli, non andrà certo mai in mano a coloro che avranno perduto, sia che la lotta avvenga sul terreno della forza fisica o intellettuale, sia che avvenga sul terreno economico. E coloro i quali hanno lottato per vincere, cioè per assicurarsi condizioni migliori degli altri, per conquistare privilegi e dominio, non se ne serviranno certo per difendere i diritti dei vinti, ed imporre dei limiti all'arbitrio proprio ed a quello dei loro amici e partigiani.

Il governo, o, come dicono, lo *Stato* giustiziere, moderatore della lotta sociale, amministratore imparziale degli interessi del pubblico, è una menzogna, è un'illusione, un'utopia, mai realizzata e mai realizzabile.

Se davvero gl'interessi degli uomini dovessero essere contrarii gli uni agli altri, se davvero la lotta fra gli uomini fosse legge necessaria delle società umane e la libertà di uno dovesse trovare un limite nella libertà degli altri, allora ciascuno cercherebbe sempre di far trionfare gli interessi proprii su quelli degli altri, ciascuno tenterebbe di allargare la propria libertà a scapito della libertà altrui, e si avrebbe un governo, non già perché sia più o meno utile alla totalità dei membri di una società averne uno, ma perché i vincenti vorrebbero assicurarsi i frutti della vittoria, sottoponendo solidamente i vinti, e liberarsi dal fastidio di star continuamente sulla difesa, incaricando di difenderli degli uomini, specialmente addestrati al mestiere di gendarmi. Allora l'umanità sarebbe destinata a perire, o a dibattersi perennemente tra la tirannide dei vincitori e la ribellione dei vinti.

Ma per fortuna più sorridente è l'avvenire dell'umanità, perché più mite è la legge che la governa.

Questa legge è la solidarietà.

L'uomo ha, come proprietà fondamentali, necessarie, *l'istinto della propria conservazione*, senza del quale nessun essere vivo potrebbe esistere, e *l'istinto della conservazione della specie*, senza cui nessuna specie avrebbe potuto formarsi e durare. Egli è spinto naturalmente a difendere l'esistenza ed il benessere di se stesso e della propria progenitura, contro tutto e tutti.

Due modi trovano in natura gli esseri viventi per assicurarsi l'esistenza e renderla più piacevole: uno è la lotta individuale contro gli elementi e contro gli altri individui della stessa specie o di specie diversa; l'altro è il *mutuo appoggio*, la *cooperazione*, che può anche chiamarsi l'*associazione per la lotta* contro tutti i fatti naturali contrari all'esistenza, allo sviluppo ed al benessere degli associati.

Non occorre indagare in queste pagine, e noi potremmo per ragione di spazio, quanta parte hanno rispettivamente nell'evoluzione del regno organico questi due principii della lotta e della cooperazione.

Ci basterà constatare come nell'umanità la cooperazione (forzata o volontaria) sia diventata il solo mezzo di progresso, di perfezionamento, di sicurezza; e come la lotta - resto atavico - sia diventata completamente inetta a favorire il benessere degli individui, e produca invece il danno di tutti, e vincitori e perdenti.

L'esperienza, accumulata e tramandata dalle generazioni successive, ha insegnato all'uomo che, unendosi agli altri uomini, la sua conservazione è più assicurata ed il suo benessere ingrandito. Così, in conseguenza della stessa lotta per l'esistenza, combattuta contro la natura ambiente e contro individui della stessa sua specie, si è sviluppato negli uomini l'istinto sociale, che ha completamente trasformato le condizioni della sua esistenza. In forza di esso l'uomo potette uscire dall'animalità, salire a potenza grandissima ed elevarsi tanto al disopra degli altri animali, che i filosofi spiritualisti han creduto necessario inventare per lui un'anima immateriale ed immortale.

Molte cause concorrenti han contribuito alla formazione di questo istinto sociale, che, partendo dalla base animale dell'istinto della conservazione della specie (che è l'istinto sociale ristretto alla famiglia naturale) è arrivato ad un grado eminente in intensità ed in estensione, e costituisce ormai il fondo stesso della natura morale dell'uomo.

L'uomo, comunque uscito dai tipi inferiori dell'animalità, essendo debole e disarmato per la lotta individuale contro le bestie carnivore, ma avendo un cervello capace di grande sviluppo, un organo vocale atto ad esprimere con suoni diversi le varie vibrazioni cerebrali, e delle mani specialmente adatte per dar forma voluta alla materia, dovette sentire ben presto il bisogno ed i vantaggi dell'associazione; anzi si può dire che solo allora potette uscire dall'animalità quando divenne sociale, ed acquistò l'uso della parola, che è nello stesso tempo conseguenza e fattore potente della sociabilità.

Il numero relativamente scarso della specie umana, rendendo meno aspra, meno continua, meno necessaria la lotta per l'esistenza tra uomo ed uomo, anche al di fuori dell'associazione, dovette favorire molto lo sviluppo dei sentimenti di simpatia e lasciar tempo che l'utilità del mutuo appoggio si potesse scoprire ed apprezzare.

Infine la capacità acquistata dall'uomo, grazie alle sue qualità primitive applicate in cooperazione con un numero più o meno grande di associati, di modificare l'ambiente esterno ed adattarlo ai propri bisogni; il moltiplicarsi dei desiderii che crescono coi mezzi di soddisfarli e diventano bisogni; la divisione del lavoro che è conseguenza della sfruttamento metodico della natura a vantaggio dell'uomo, han fatto sì che la vita sociale è diventata l'ambiente necessario dell'uomo, fuori del quale esso non può vivere, e, se vive, decade allo stato bestiale.

E, per l'affinarsi della sensibilità col moltiplicarsi dei rapporti, e per l'abitudine impressa nella specie dalla trasmissione ereditaria per migliaia di secoli, questo bisogno di vita sociale, di scambio di pensieri e di affetti tra uomo e uomo è diventato un modo di essere necessario del nostro organismo, si è trasformato in simpatia, amicizia, amore, e sussiste indipendentemente dai vantaggi materiali che l'associazione produce, tanto che per soddisfarlo si affrontano spesso sofferenze di ogni genere ed anche la morte.

Insomma i vantaggi grandissimi che l'associazione apporta all'uomo; lo stato d'inferiorità fisica, affatto proporzionato alla sua superiorità intellettuale, in cui egli si trova di fronte alle bestie se resta isolato; la possibilità per l'uomo di associarsi ad un numero sempre crescente d'individui ed in rapporti sempre più intimi e complessi fino ad allargare l'associazione a tutta l'umanità ed a tutta la vita, e forse più di tutto la possibilità per l'uomo di produrre, lavorando in cooperazione cogli altri, più di quello che gli occorre per vivere, ed i sentimenti affettivi che da tutto questo derivano, han dato alla lotta per l'esistenza umana un carattere affatto diverso dalla lotta che si combatte in generale dagli altri animali.

Quantunque oggi si sa - e le ricerche dei moderni naturalisti ce ne apportano ogni giorno nuove prove - che la cooperazione ha avuto ed ha nello sviluppo del mondo organico una parte importantissima che non sospettavano coloro che volevano giustificare, ben a sproposito del resto, il regno della borghesia colle teorie darwiniane, pure il distacco tra la lotta umana e la lotta animale resta enorme, e proporzionale alla distanza che separa l'uomo dagli altri animali.

Gli altri animali combattono, o individualmente, o più spesso in piccoli gruppi fissi o transitorii, contro tutta la natura, compresi gli altri individui della loro stessa spese. Gli stessi animali più sociali, come le formiche, le api, ecc., sono solidali tra gli individui dello stesso formicaio o dello stesso alveare, ma sono o in lotta, o indifferenti verso le altre comunità della loro specie. La lotta umana invece tende ad allargare sempre più l'associazione tra gli uomini, a solidarizzare i loro interessi, a sviluppare il sentimento di amore di ciascun uomo per tutti gli uomini, a vincere e dominare la natura esterna coll'umanità e per l'umanità.Ogni lotta diretta a conquistare dei vantaggi indipendentemente dagli altri uomini o contro di essi, contraddice alla natura sociale dell'uomo moderno e tende a respingerlo verso l'animalità.

La *solidarietà*, cioè l'armonia degli interessi e dei sentimenti, il concorso di ciascuno al bene di tutti e di tutti al bene di ciascuno, è lo stato in cui solo l'uomo può esplicare la sua natura e raggiungere il massimo sviluppo ed il massimo benessere possibile. Essa è la meta verso cui cammina l'evoluzione umana; è il principio superiore che risolve tutti gli antagonismi attuali, altrimenti insolubili, e fa sì che la libertà di ciascuno non trovi il limite, ma il complemento, anzi le condizioni necessarie di esistenza, nella libertà degli altri.

"Nessun individuo", diceva Michele Bakunin, "può riconoscere la sua propria umanità né per conseguenza realizzarla nella sua vita, se non riconoscendola negli altri e cooperando alla sua realizzazione per gli altri. Nessun uomo può emanciparsi altrimenti che emancipando con lui tutti gli uomini che lo circondano. La mia libertà è la libertà di tutti, poiché io non sono realmente libero, libero non solo nell'idea ma nel fatto, se non quando la mia libertà e il mio diritto trovano la loro conferma e la loro sanzione nella libertà e nel diritto di tutti gli uomini miei uguali".

"M'importa molto *ciò* che sono tutti gli altri uomini, perché, per quanto indipendente io sembri o mi creda per la mia posizione sociale, fossi pure Papa, Czar, Imperatore o anche primo ministro, io sono incessantemente il prodotto di ciò che sono gli ultimi tra loro: se essi sono ignoranti, miserabili, schiavi, la mia esistenza è determinata dalla loro schiavitù. Io, uomo illuminato od intelligente, per esempio, sono - se è il caso - stupido per la loro stupidaggine; io coraggioso sono schiavo per la loro schiavitù; io ricco tremo dinanzi alla loro miseria; io privilegiato impallidisco innanzi alla loro giustizia. Io che voglio esser libero, non lo posso, perché intorno a me tutti gli uomini non vogliono ancora esser liberi, e non volendolo, divengono contro di me degli strumenti di oppressione".

La solidarietà dunque è la condizione nella quale l'uomo raggiunge il massimo grado di sicurezza e di benessere; e perciò l'egoismo stesso, cioè la considerazione esclusiva del proprio interesse spinge l'uomo e le società umane verso la solidarietà; o, per meglio dire, egoismo ed altruismo (*considerazione degli interessi altrui*) si confondono in un solo sentimento, come si confondono in uno l'interesse dell'individuo e l'interesse della società.

Sennonché l'uomo non poteva d'un tratto solo passare dall'animalità all'umanità, dalla lotta brutale tra uomo e uomo, alla lotta solidale di tutti gli uomini affratellati contro la natura esteriore.

Guidato dai vantaggi che offre l'associazione e la conseguente divisione del lavoro, l'uomo evolveva verso la solidarietà; ma la sua evoluzione incontrò un ostacolo che l'ha deviata e la devia ancora dalla mèta. L'uomo scoprì che poteva, almeno fino ad un certo punto e per i bisogni materiali e primitivi che allora solamente sentiva, realizzare i vantaggi della cooperazione sottomettendo a sé gli altri uomini invece di associarseli; e, siccome erano ancora potenti in lui gl'istinti feroci ed antisociali ereditati dalle bestie progenitrici, egli costrinse i più deboli a lavorare per lui, preferendo la dominazione alla associazione. Forse anche, nella più parte dei casi, fu sfruttando i vinti che l'uomo imparò per la prima volta a comprendere i benefizi dell'associazione, l'utile che l'uomo poteva ricavare dall'appoggio dell'uomo.

Così la constatazione dell'utilità della cooperazione, che doveva condurre al trionfo della solidarietà in tutti i rapporti umani, mise capo invece alla proprietà individuale ed al governo, cioè allo sfruttamento del lavoro di tutti da parte di pochi privilegiati.

Era sempre l'associazione, la cooperazione, fuori della quale non v'è più vita umana possibile; ma era un modo di cooperazione, imposto e regolato da pochi nel loro interesse particolare.

Da questo fatto è derivata la grande contraddizione, che riempie la storia degli uomini, tra la tendenza ad associarsi ed affratellarsi per la conquista e l'adattamento del mondo esteriore ai bisogni dell'uomo, e per la soddisfazione dei sentimenti affettivi, e la tendenza a dividersi in tante unità separate ed ostili quanti sono gli aggruppamenti determinati da condizioni geografiche, quante sono le posizioni economiche, quanti sono gli uomini che sono riusciti a conquistare un vantaggio e vogliono assicurarselo ed aumentarlo, quanti sono quelli che sperano conquistare un privilegio, quanti sono quelli che soffrono di un'ingiustizia o di un privilegio e si ribellano e vogliono redimersi.

Il principio del *ciascun per sé*, che è la guerra di tutti contro tutti, è venuto nel corso della storia a complicare, a deviare, a paralizzare la guerra di tutti contro la natura per il maggior benessere dell'umanità, che solo può avere esito completo fondandosi sul principio *tutti per uno e uno per tutti*.

Immensi sono stati i mali che ha sofferto l'umanità per questo intromettersi della dominazione e dello sfruttamento in mezzo all'associazione umana. Ma malgrado l'oppressione atroce cui sono state sottomesse le masse, malgrado la miseria, malgrado i vizi, i delitti, la degradazione che la miseria e la schiavitù producono negli schiavi e nei padroni, malgrado gli odii accumulati, malgrado le guerre sterminatrici, malgrado l'antagonismo degl'interessi artificialmente creato, l'istinto sociale ha sopravvissuto e si è sviluppato. La cooperazione restando sempre la condizione necessaria perché l'uomo potesse lottare con successo contro la natura esteriore, restò pure come causa permanente dell'avvicinamento degli uomini e dello svilupparsi del sentimento di simpatia tra gli uomini. L'oppressione stessa delle masse ha affratellati gli oppressi fra loro; ed è stato solo in forza della solidarietà più o meno cosciente e più o meno estesa, che esisteva fra gli oppressi, che questi han potuto sopportare l'oppressione e che l'umanità a resistito alle cause di morte che si sono insinuate in mezzo ad essa.

Oggi lo sviluppo immenso che ha preso la produzione, il crescere di quei bisogni che non possono soddisfarsi se non col concorso di gran numero di uomini di tutti i paesi, i mezzi di comunicazione, l'abitudine dei viaggi, la scienza, la letteratura, i commerci, le guerre stesse, hanno stretto e vanno sempre più stringendo l'umanità in un corpo solo, le cui parti, solidali tra loro, possono solo trovare pienezza e libertà di sviluppo nella salute delle altre parti e del tutto.

L'abitante di Napoli è tanto interessato alla bonifica dei *fondaci* della sua città, quanto al miglioramento delle condizioni igieniche delle popolazioni delle sponde del Gange, di dove gli viene il colera. Il benessere, la libertà, l'avvenire di un montanaro perduto fra le gole degli Appennini, non solo dipendono dallo stato di benessere o di miseria in cui si trovano gli abitanti del suo villaggio. non solo dipendono dalle condizioni generali del popolo italiano, ma dipendono pure dallo stato dei lavoratori in America o in Australia, dalla scoperta che fa uno scienziato svedese, dalle condizioni morali e materiali dei Cinesi, dalla guerra o dalla pace che si fa in Africa, da tutte insomma le circostanze grandi e piccine che in punto qualunque del mondo agiscono sopra un essere umano.

Nelle condizioni attuali della società, questa vasta solidarietà che unisce insieme tutti gli uomini è in gran parte incosciente, poiché sorge spontanea dall'attrito degli interessi particolari, mentre gli uomini si preoccupano punto o poco degli interessi generali. E questa è la prova più evidente che la solidarietà è legge naturale dell'umanità, che si esplica e s'impone malgrado tutti gli ostacoli, malgrado tutti gli antagonismi creati dall'attuale costituzione sociale.

D'altra parte le masse oppresse, che non si sono mai completamente rassegnate all'oppressione ed alla miseria, e che oggi più che mai si mostrano assetate di giustizia, di libertà, di benessere, incominciano a capire che esse non potranno emanciparsi se non mediante l'unione, la solidarietà con tutti gli oppressi, con tutti gli sfruttati del mondo tutto. Ed esse capiscono pure che condizione imprescindibile della loro emancipazione è il possesso dei mezzi di produzione, del suolo e degli strumenti di lavoro, e quindi l'abolizione della proprietà individuale. E la scienza, l'osservazione dei fenomeni sociali, dimostra che questa abolizione sarebbe di utile immenso agli stessi privilegiati, se solo volessero rinunziare al loro spirito di dominazione e concorrere con tutti al lavoro per il benessere comune.

Ora dunque, se un giorno le masse oppresse si rifiuteranno di lavorare per gli altri, se leveranno ai proprietari la terra e gli strumenti di lavoro o vorranno adoperarli per conto e profitto proprio, cioè di tutti, se esse non vorranno più subire dominazione né di forza brutale, né di privilegio economico, se la fratellanza fra i popoli, il sentimento di solidarietà umana rafforzato dalla comunanza d'interessi avrà messo fine alle guerre ed alle conquiste, quale ragione di esistere avrebbe più un governo?

Abolita la proprietà individuale, il governo che è il suo difensore, deve sparire. Se sopravvivesse esso tenderebbe continuamente a ricostituire, sotto una forma qualsiasi, una classe privilegiata ed oppressiva.

E l'abolizione del governo, non significa, non può significare il disfacimento della connessione sociale. Bene al contrario, la cooperazione che oggi è forzata, che oggi è diretta al vantaggio di pochi, sarebbe libera, volontaria e diretta al vantaggio di tutti; e perciò diventerebbe tanto più intensa ed efficace.

L'istinto sociale, il sentimento di solidarietà si svilupperebbe al più alto grado: e ciascun uomo farebbe tutto quello che può per il bene degli altri uomini, tanto per soddisfare ai suoi sentimenti affettivi, quanto per beninteso interesse.

Dal libero concorso di tutti, mediante l'aggrupparsi spontaneo degli uomini secondo i loro bisogni e le loro simpatie, dal basso all'alto, dal semplice al composto, partendo dagli interessi più immediati per arrivare a quelli più lontani e più generali, sorgerebbe un'organizzazione sociale, che avrebbe per scopo il maggior benessere e la maggiore libertà di tutti, abbraccerebbe tutta l'umanità in fraterna comunanza e si modificherebbe e migliorerebbe a seconda del modificarsi delle circostanze e degli insegnamenti dell'esperienza.

Questa società di liberi, questa società di amici è **l'anarchia**.

Noi abbiamo finora considerato il governo quale è, quale deve necessariamente essere, in una società fondata sul privilegio, sullo sfruttamento e l'oppressione dell'uomo da parte dell'uomo, sull'antagonismo degl'interessi, sulla lotta intrasociale, in una parola sulla proprietà individuale.

Abbiamo visto come lo stato di lotta, lungi dall'essere una condizione necessaria della vita dell'umanità, è contrario agli interessi degli individui e della specie umana; abbiamo visto come la cooperazione. la solidarietà è legge del progresso umano, ed abbiamo conchiuso che abolendo la proprietà individuale ed ogni predominio, il governo perde ogni ragione di essere e si deve abolire.

"Però (*ci si potrebbe dire*) cambiato il principio su cui è fondata oggi l'organizzazione sociale, sostituita la solidarietà alla lotta, la proprietà comune alla proprietà individuale, il governo cambierebbe natura ed invece di essere il protettore ed il rappresentante degli interessi di una classe, sarebbe, poiché classi non ve ne sono più, il rappresentante degli interessi di tutta la società. Esso avrebbe missione di assicurare e regolare, nell'interesse di tutti, la cooperazione sociale, compiere i servizi pubblici d'importanza generale, difendere la società dai possibili tentativi diretti a ristabilire il privilegio, e prevenire e reprimere gli attentati, da chiunque commessi, contro la vita, il benessere e la libertà di ciascuno.

Vi sono nella società delle funzioni troppo necessarie, che richiedono troppa costanza, troppa regolarità, per poter essere lasciati alla libera volontà degl'individui, senza pericolo di vedere andare ogni cosa a soqquadro.

Chi organizzerebbe e chi assicurerebbe, se non vi fosse un governo, i servizi di alimentazione, di distribuzione, d'igiene, di posta, telegrafo, ferrovie, ecc? Chi curerebbe l'istruzione popolare? Chi intraprenderebbe quei grandi lavori di esplorazioni, di bonifiche, d'intraprese scientifiche, che trasformano la faccia della terra, e centuplicano le forze dell'uomo?

Chi veglierebbe alla conservazione ed all'aumento del capitale sociale per tramandarlo arricchito e migliorato all'umanità avvenire?

Chi impedirebbe la devastazione delle foreste, lo

sfruttamento irrazionale e quindi l'impoverimento del suolo?

Chi avrebbe mandato di prevenire e reprimere i delitti, cioè gli atti antisociali?

E quelli che, mancando alla legge di solidarietà, non volessero lavorare? E quelli che spargessero l'infezione in un paese, rifiutandosi di sottomettersi alle regole igieniche riconosciute utili dalla scienza? E se vi fossero di quelli che, matti o no, volessero bruciare il raccolto, o violare i bambini, o abusare sui più deboli della loro forza fisica?

Distruggere la proprietà individuale e abolire i governi esistenti, senza poi ricostruire un governo che organizzasse la vita collettiva ed assicurasse la solidarietà sociale, non sarebbe abolire i privilegi e portare sul mondo la pace ed il benessere; ma sarebbe distruggere ogni vincolo sociale, respingere l'umanità verso la barbarie, verso il regno del ciascuno per sé, che è il trionfo della forza brutale prima, del privilegio economico dopo".

Queste sono le obbiezioni che ci oppongono gli autoritarii anche quando sono socialisti, cioè quando vogliono abolire la proprietà individuale ed il governo di classe che ne deriva.

Rispondiamo.

Prima di tutto non è vero che cambiate le condizioni sociali, il governo cambierebbe di natura e di funzione. Organo e funzione sono termini inseparabili. Levate ad un organo la sua funzione, e, o l'organo muore o la funzione si ricostituisce. Mettere un esercito in un paese in cui non ci siano né ragioni, né paure di guerra interna o esterna, ed esso provocherà la guerra, o, se non ci riesce, si disfarà. Una polizia dove non ci siano delitti da scoprire e delinquenti da arrestare, provocherà, inventerà i delitti ed i delinquenti, o cesserà di esistere.

In Francia esiste da secoli un'istituzione, oggi aggregata all'amministrazione delle foreste, la *lupatteria* (*louveterie*) i cui ufficiali hanno incarico di provvedere alla distruzione dei lupi ed altre bestie nocive. Nessuno sarà meravigliato apprendendo che è appunto a causa di questa istituzione che i lupi esistono ancora in Francia, e nelle stagioni rigorose vi fanno strage. Il pubblico si occupa poco di lupi, perché vi sono i *lupattieri* che vi debbono pensare; ed i *lupattieri* fanno sì la caccia, ma la fanno *intelligentemente*, risparmiando i nidi e dando tempo alla riproduzione, per non rischiare di distruggere una specie così interessante. I contadini francesi infatti hanno poca fiducia in questi *lupattieri*, e li considerano piuttosto come i conservatori dei lupi. E si capisce: che farebbero i "luogotenenti di lupatteria" se non vi fossero più lupi?

Un governo, cioè un numero di persone incaricato di far le leggi ed abilitato a servirsi della forza di tutti per obbligare ciascuno a rispettarle, costituisce già una classe privilegiata e separata dal popolo. Esso cercherà istintivamente, come ogni corpo costituito, di allargare le sue attribuzioni di sottrarsi al controllo del popolo, di imporre le sue tendenze e di far predominare i suoi interessi particolari. Messo in una posizione privilegiata, il governo già si trova in antagonismo colla massa, dalla cui forza dispone.

Del resto un governo anche volendo, non potrebbe contentar tutti, se pur riuscisse a contentar qualcuno. Dovrebbe difendersi contro i malcontenti, e quindi dovrebbe cointeressare una parte del popolo per esserne appoggiato. E così ricomincerebbe la vecchia storia della classe privilegiata che si costituisce colla complicità del governo, e che, se questa volta non s'impossesserebbe del suolo, accapparrerebbe certo delle posizioni di favore, appositamente create, e non sarebbe meno oppressiva né meno sfruttatrice della classe capitalistica.

I governanti, abituati ai comando, non vorrebbero ritornare nella folla, e se non potessero conservare il potere nelle loro mani, si assicurerebbero almeno delle posizioni privilegiate per quando dovranno passarlo in mano di altri. Userebbero di tutti i mezzi che ha il potere, per far eleggere a loro successori gli amici loro, ed esserne poscia a loro volta appoggiati e protetti. E così il governo passerebbe e ripasserebbe nelle stesse mani, e la *democrazia*, che è il preteso governo di tutti, finirebbe, come sempre, in *oligarchia*, che è il governo di pochi, il governo di una classe.

E che oligarchia strapotente, oppressiva, assorbente sarebbe mai quella che avrebbe a suo carico, cioè a sua disposizione, tutto il capitale sociale, tutti i servizi pubblici, dall'alimentazione alla fabbricazione dei fiammiferi, dalle università ai teatri d'operette!!!

Ma, supponiamo pure che il governo non costituisse già da sé una classe privilegiata, e potesse vivere senza creare intorno a sé una nuova classe di privilegiati e restando il rappresentante, il servo, se si vuole, di tutta la società. A che servirebbe esso mai? In che cosa ed in che modo aumenterebbe esso la forza, l'intelligenza, lo spirito di solidarietà, la cura del benessere di tutti e dell'umanità futura, che in un dato momento si trovano esistenti in una data società?

È sempre la vecchia storia dell'uomo legato, che essendo riuscito a vivere malgrado i ceppi, crede di vivere a causa dei ceppi. Noi siamo abituati a vivere sotto di un governo, che accaparra tutte quelle forze, quelle intelligenze, quelle volontà, che può dirigere ai suoi fini; ostacola, paralizza, sopprime quelle che gli sono inutili od ostili, e ci immaginiamo che tutto ciò che si fa nella società si fa per opera del governo, e che senza governo non ci sarebbe più nella società né forza, né intelligenza, né buona volontà. Così (lo abbiamo già detto) il proprietario che s'è impossessato della terra la fa coltivare per il suo profitto particolare, lasciando al lavoratore lo stretto necessario perché esso possa e voglia continuare a lavorare, ed il lavoratore asservito pensa che non potrebbe vivere senza il padrone, come se questi creasse la terra e le forze della natura.

Che cosa può aggiungere di suo il governo alle forze morali e materiali che esistono in una società? Sarebbe esso per caso come il Dio della Bibbia che crea dal nulla?

Siccome nulla si crea nel mondo che suol chiamarsi materiale, così nulla si crea in questa forma più complicata del mondo materiale che è il mondo sociale. E perciò i governanti non possono disporre che delle forze che esistono nella società, meno quelle grandissime che l'azione governativa paralizza e distrugge, e meno le forze ribelli, e meno tutto ciò che si consuma negli attriti, necessariamente grandissimi in un meccanismo così artifizioso. Se qualche cosa ci mettono del loro, è come uomini e non come governanti che possono farlo. E di quelle forze, materiali e morali, che restano a disposizione del governo, solo una parte piccolissima riceve una destinazione realmente utile alla società. Il resto, o è consumato in attività repressiva per tenere a freno le forze ribelli, o è altrimenti stornato dallo scopo di utilità generale ed adoperato a profitto di pochi ed a danno della maggioranza degli uomini.

Si è fatto un gran discorrere sulla parte che hanno rispettivamente, nella vita e nel progresso delle società umane, l'iniziativa individuale e l'azione sociale; e si è riuscito, coi soliti artifizii del linguaggio metafisico, ad imbrogliare talmente le cose, che poi sono apparsi audaci coloro i quali hanno affermato che tutto si regge e cammina nel mondo umano per opera dell'iniziativa individuale. In realtà è questa una verità di senso comune, che appare evidente non appena si cerca di rendersi conto delle cose che le parole significano. L'essere reale è l'uomo, è l'individuo: la società o collettività - e lo *Stato* o governo che pretende rappresentarla -

se non sono vuote astrazioni, non possono essere che aggregati d'individui. Ed è nell'organismo di ciascun individuo che hanno necessariamente origine tutti i pensieri e tutti gli atti umani, i quali, da individuali, diventano pensieri ed atti collettivi quando sono o si fanno comuni a molti individui. L'azione sociale, dunque, non è né la negazione, né il complemento dell'iniziativa individuale, ma è la risultante delle iniziative, dei pensieri e delle azioni di tutti gli individui che compongono la società: risultante che, posta ogni altra cosa eguale, è più o meno grande secondo che le singole forze concorrono allo stesso scopo, o sono divergenti od opposte. E se invece, come fanno gli autoritarii, per azione sociale s'intende l'azione governativa, allora essa è ancora la risultante di forze individuali, ma solo di quegli individui che fanno parte del governo, o che per la loro posizione possono influire sulla condotta del governo.

Quindi, nella contesa secolare tra libertà ed autorità, o, in altri termini, tra socialismo e stato di classe, non è questione veramente di alterare i rapporti tra la società e l'individuo; non è questione di aumentare l'indipendenza individuale a scapito dell'ingerenza sociale, o questa a scapito di quella. Ma si tratta piuttosto di impedire che alcuni individui possano opprimere altri; di dare a tutti gli individui gli stessi diritti e gli stessi mezzi di azione; e di sostituire l'iniziativa di pochi, che produce necessariamente l'oppressione di tutti gli altri. Si tratta insomma, sempre e poi sempre, di distruggere la dominazione e lo sfruttamento dell'uomo sull'uomo, in modo che tutti siano interessati al benessere comune, e le forze individuali, invece di esser soppresse o di combattersi ed elidersi a vicenda, trovino la possibilità di uno sviluppo completo, e si associno insieme per il maggior vantaggio di tutti.

Da quanto abbiamo detto risulta che l'esistenza di un governo, anche se fosse, per seguire la nostra ipotesi, il governo ideale dei socialisti autoritarii, lungi dal produrre un aumento delle forze produttive, organizzatrici e protettrici della società, le diminuirebbe immensamente, restringendo l'iniziativa a pochi, e dando a questi pochi il diritto di tutto fare, senza potere, naturalmente, dar loro il dono di tutto sapere.

Infatti, se levate nella legislazione e nell'opera tutta di un governo tutto ciò che è inteso a difendere i privilegiati e che rappresenta la volontà dei privilegiati stessi, che cosa vi resta che non sia il risultato dell'attività di tutti? "Lo Stato", diceva Sismondi, "è sempre un potere conservatore che autentica, regolarizza, organizza le conquiste del progresso" (e la storia aggiunge che le dirige a profitto proprio e della classe privilegiata) "non mai le inaugura. Esse hanno sempre origine dal basso, nascono dal fondo della società, dal pensiero individuale, che poi si divulga, diventa opinione, maggioranza, ma deve sempre incontrare sui suoi passi e combattere nei poteri costituiti la tradizione, la consuetudine, il privilegio e l'errore".

Del resto per comprendere come una società possa

vivere senza governo, basta osservare un pò a fondo nella stessa società attuale, e si vedrà come in realtà la più gran parte, la parte essenziale della vita sociale, si compie anche oggi al di fuori dell'intervento governativo, e come il governo non interviene che per sfruttare le masse, per difendere i privilegiati, e per il resto viene a sanzionare, ben inutilmente, tutto quello che s'è fatto senza di lui, e spesso, malgrado e contro di lui. Gli uomini lavorano, scambiano, studiano, viaggiano, seguono come l'intendono le regole della morale e dell'igiene, profittano dei progressi della scienza e dell'arte, hanno rapporti infiniti tra di loro, senza che sentano bisogno di qualcuno che imponga loro il modo di condursi. Anzi sono appunto quelle cose in cui il governo non ha ingerenza, che camminano meglio, che dan luogo a minori contestazioni e si accomodano, per la volontà di tutti, in modo che tutti ci trovino utile e piacere.

Né il governo è più necessario per le grandi imprese e per quei servizi pubblici che richiedono il concorso regolare di molta gente di paesi e condizioni differenti. Mille di queste imprese sono oggi stesso, l'opera di associazioni di privati, liberamente costituite, e sono, a confessione di tutti, quelle che meglio riescono. Né parliamo delle associazioni di capitalisti, organizzate a scopo di sfruttamento, quantunque esse pure dimostrino la possibilità e la potenza della libera associazione, e come essa può estendersi fino ad abbracciare gente di tutti i paesi ed interessi immensi e svariatissimi. Ma parliamo a preferenza di quelle associazioni che, ispirate dall'amore per propri simili, o dalla passione della scienza, o anche semplicemente dal desiderio di divertirsi e di farsi applaudire, meglio rappresentano gli aggruppamenti quali saranno in una società in cui, abolita la proprietà individuale e la lotta intestina fra gli uomini, ciascuno troverà il suo interesse nell'interesse di tutti, e la sua migliore soddisfazione nel far il bene, e piacere agli altri. Le società e i congressi scientifici, l'associazione internazionale di salvataggio, l'associazione della Croce Rossa, le Società geografiche, le organizzazioni operaie, i corpi di volontari che accorrono al soccorso in tutte le grandi calamità pubbliche, sono esempi, tra mille, di questa potenza dello spirito di associazione che si manifesta sempre quando si tratta di un bisogno o di una passione veramente sentita, e non manchino i mezzi. Ché, se l'associazione volontaria non copre il mondo e non abbraccia tutti i rami dell'attività materiale e morale, si è a causa degli ostacoli messi dai governi, degli antagonismi creati dalla proprietà privata, e dell'impotenza e dell'avvilimento, in cui l'accaparramento della ricchezza da parte di pochi riduce la gran maggioranza degli uomini.

Il governo s'incarica, per esempio, del servizio delle poste, delle ferrovie, ecc. Ma in che cosa aiuta realmente questi servizi? Quando il popolo, messo in grado di poterne godere, sente il bisogno di questi servizi, pensa ad organizzarli, e gli uomini tecnici non hanno bisogno di un brevetto governativo per mettersi al lavoro. E più il bisogno è generale ed urgente, più abbonderanno i volontari per compierlo. Se il popolo avesse facoltà di pensare alla produzione ed alla alimentazione, oh! non temete ch'egli si lasci morire di fame aspettando che un governo abbia fatte delle leggi in proposito. Se governo vi dovesse essere, esso sarebbe ancora costretto di aspettare che il popolo abbia prima di tutto organizzato, per poi venire con delle leggi a sanzionare ed a sfruttare quello che era già fatto. È dimostrato che l'interesse privato è il gran movente di tutte le attività: ebbene, quando l'interesse di tutti sarà l'interesse di ciascuno (e lo sarà necessariamente se non esiste la proprietà individuale) allora tutti agiranno, e se le cose si fanno adesso che interessano a pochi, tanto più e tanto meglio si faranno quando interesseranno a tutti. E si capisce a stento come vi sia della gente che crede che l'esecuzione ed il regolare andamento dei servizi pubblici indispensabili alla vita sociale, siano meglio assicurati se fatti per gli ordini di un governo, anziché direttamente dai lavoratori, che, o per propria elezione, o per accordi cogli altri, han prescelto quel genere di lavoro e lo eseguiscono sotto il controllo immediato di tutti gl'interessati.

Certamente in ogni grande lavoro collettivo v'è bisogno di divisione di lavoro, di direzione tecnica, di amministrazione, ecc. Ma malamente gli autoritari giocano sulle parole per dedurre la ragion di essere del governo dalla necessità, ben reale, di organizzare il lavoro. Il governo, è bene ripeterlo, è l'insieme degl'individui che hanno avuto o si son preso il diritto ed i mezzi di far le leggi e di forzare la gente ad ubbidire; l'amministratore, l'ingegnere, ecc., sono invece uomini che ricevono o si assumono l'incarico di fare un dato lavoro e lo fanno. Governo significa delegazione di potere, cioè abdicazione della iniziativa e della sovranità di tutti nelle mani di alcuni; amministrazione significa delegazione di lavoro, cioè incarico dato e ricevuto, scambio libero di servigi fondato sopra liberi patti. Il governo è un privilegiato, poiché ha il diritto di comandare agli altri e di servirsi delle forze degli altri, per far trionfare le sue idee ed i suoi desideri particolari; l'amministratore, il direttore tecnico, ecc., sono lavoratori come gli altri, quando, s'intende, lo siano in una società in cui tutti hanno mezzi uguali di svilupparsi e tutti siano o possano essere ad un tempo lavoratori intellettuali e manuali, e non vi restino altre differenze fra gli uomini che quelle derivanti dalla diversità naturale delle attitudini, e tutti i lavoratori, tutte le funzioni diano un diritto eguale a godere dei vantaggi sociali. Non si confonda la funzione governativa con la funzione amministrativa, che sono essenzialmente diverse, e che, se oggi si trovano spesso confuse, è solo a causa del privilegio economico e politico.

Ma affrettiamoci a passare alle funzioni, per le quali il governo è considerato, da tutti coloro che non sono anarchici, come veramente indispensabile: la difesa esterna ed interna di una società, vale a dire la *guerra*, la *polizia* e la *giustizia*.

Aboliti i governi e messa la ricchezza sociale a disposizione di tutti, presto spariranno tutti gli antagonismi tra i vari popoli e la guerra non avrà più ragione di esistere. Diremo inoltre che nello stato attuale del mondo, quando la rivoluzione si farà in un paese, se non troverà eco sollecito, dappertutto troverà certo tanta simpatia che nessun governo oserà mandare le truppe all'estero col rischio di vedersi scoppiare la rivoluzione in casa. Ma ammettiamo pure che i governi dei paesi non ancora emancipati volessero e potessero tentare di rimettere in servitù un popolo libero; avrà questo bisogno di un governo per difendersi? Per far la guerra ci vogliono uomini che abbiano le cognizioni geografiche e tecniche necessarie, e soprattutto masse che vogliono battersi. Un governo non può aumentare la capacità degli uni, né la volontà ed il coraggio delle altre. E l'esperienza storica ci insegna come un popolo che voglia davvero difendere il proprio paese sia invincibile: ed in Italia si sa da tutti come, innanzi ai corpi di volontari (formazione anarchica) crollino i troni e svaniscano gli eserciti regolari, composti d'uomini forzati od assoldati

E *la polizia*? E *la giustizia*? Molti s'immaginano che se non vi fossero carabinieri, poliziotti e giudici ognuno sarebbe libero di uccidere, di stuprare, di danneggiare gli altri a suo capriccio; e che gli anarchici, in nome dei loro principi, vorrebbero rispettata quella strana libertà, che viola e distrugge la libertà e la vita degli altri. Quasi credono che noi, dopo avere abbattuto il governo e la proprietà individuale, lasceremmo poi ricostruire tranquillamente l'uno e l'altra, per rispetto alla *libertà* di coloro che sentissero il bisogno di essere governanti e proprietarii. Strano modo davvero d'intendere le nostre idee!... è vero che così riesce più facile sbarazzarsi con una scrollata di spalle, dell'incomodo di confutarle.

La libertà che noi vogliamo, per noi e per gli altri, non è la liberta assoluta, astratta, metafisica, che in pratica si traduce fatalmente in oppressione del debole; ma è la libertà reale, la liberta possibile, che è la comunanza cosciente degli interessi, la solidarietà volontaria. Noi proclamiamo la massima FA QUEL CHE VUOI, ed in essa quasi riassumiamo il nostro programma, perché - ci vuol poco a capirlo - riteniamo che in una società armonica, in una società senza il governo e senza proprietà, ognuno VORRÀ QUEL CHE DOVRÀ.

Ma se, o per le conseguenze, dell'educazione ricevuta dalla presente società o per malore fisico, o per qualsiasi altra causa, uno volesse fare del danno a noi ed agli altri, noi ci adopereremmo, se ne può essere certi, ad impedirglielo con tutti i mezzi a nostra portata. Certo, siccome noi sappiamo che l'uomo è la conseguenza del proprio organismo e dell'ambiente cosmico e sociale in cui vive; siccome non confondiamo il diritto sacro della difesa col preteso assurdo diritto di punire; e siccome nel delinquente, cioè in colui che commette atti antisociali, non vedremmo già lo schiavo ribelle, come avviene al giudice di oggi, ma il fratello ammalato e necessitoso di cura, così noi non metteremmo odio nella repressione, ci sforzeremmo di non oltrepassare la necessità della difesa, e non penseremmo a vendicarci ma a curare, a redimere l'infelice con tutti i mezzi che la scienza ci insegnerebbe. In ogni modo, comunque l'intendessero gli anarchici (ai quali potrebbe accadere come a tutti i teorici di perder di vista la realtà, per correr dietro ad un sembiante di logica) è certo che il popolo non intenderebbe lasciare attentare impunemente al suo benessere ed alla sua libertà, e, se la necessità si presentasse, provvederebbe a difendersi contro le tendenze antisociali di alcuni. Ma per farlo, a che serve della gente che faccia il mestiere di far le leggi; e dell'altra gente che viva cercando ed inventando contravventori alle leggi? Quando il popolo riprova davvero una cosa e la trova dannosa, riesce ad impedirla sempre, meglio che non tutti i legislatori, i birri ed i giudici di mestiere. Quando nelle insurrezioni il popolo ha voluto, ben a torto del resto, far rispettare la proprietà privata, l'ha fatta rispettare come non avrebbe potuto un esercito di birri.

I costumi seguono sempre i bisogni ed i sentimenti della generalità; e sono tanto più rispettati quanto meno sono soggetti alla sanzione della legge, perché tutti ne veggono ed intendono la utilità, e perché gl'interessati, non illudendosi sulla protezione del governo, pensano a farli rispettare da loro. Per una carovana che viaggia nei deserti dell'Africa, la buona economia dell'acqua è questione di vita o di morte per tutti: e l'acqua in quelle circostanze diventa cosa sacra e nessuno si permette di sciuparla. I cospiratori hanno bisogno del segreto, ed il segreto è serbato, o l'infamia colpisce chi lo viola. I debiti di giuoco non sono garantiti dalla legge, e tra i giocatori è considerato e considera se stesso disonorato chi non li paga.

È forse a causa dei gendarmi che non si uccide più di quello che si fa? La maggior parte dei comuni d'Italia non veggono i gendarmi che di tratto in tratto; milioni di uomini vanno per i monti e le campagne, lontani dall'occhio tutelare dell'autorità, in modo che si potrebbe colpirli senza il menomo pericolo di pena: eppure non sono meno sicuri di coloro che vivono nei centri più sorvegliati. E la statistica dimostra come il numero dei reati risente a pena l'effetto delle misure repressive, mentre varia rapidamente col variare delle condizioni economiche e dello stato dell'opinione pubblica.

Le leggi punitive, del resto, non riguardano che i fatti straordinari, eccezionali. La vita quotidiana si svolge al di fuori della portata del codice ed è regolata, quasi inconsciamente, per tacito e volontario assenso di tutti, da una quantità di usi e costumi, ben più importanti alla vita sociale che gli articoli del codice penale, o meglio rispettati, quantunque completamente privi di ogni sanzione che non sia quella naturale della disistima in cui incorrono i violatori, e del danno che dalla disistima deriva.

E quando avvenissero tra gli uomini delle contestazioni, l'arbitrato volontariamente accettato, o la pressione dell'opinione pubblica non sarebbero forse più atti a far aver ragione a chi l'ha, anzi che una magistratura irresponsabile, che ha il diritto di giudicare su tutto e su tutti, ed è necessariamente incompetente e quindi ingiusta?

Come il governo in genere non serve che per la protezione delle classi privilegiate, così la polizia e la magistratura non servono che per la repressione di quei reati che non sono considerati tali dal popolo, e solo offendono i privilegi del governo e dei proprietari. Per la vera difesa sociale, per la difesa del benessere e della libertà di tutti, non v'è nulla di più pernicioso che la formazione di queste classi che vivono col pretesto di difendere tutti, si abituano a considerare ogni uomo come una selvaggina da mettere in gabbia, vi colpiscono senza saper perché, per l'ordine d un capo, quali sicari incoscienti e prezzolati.

Ebbene sia, dicono alcuni: l'anarchia può essere una forma perfetta di convivenza sociale, ma noi non vogliamo fare un salto nel buio. Diteci dunque *dettagliatamente* come sarà organizzata la vostra società. E qui segue tutta una serie di domande, che sono molto interessanti se si tratta di studiare i problemi che s'imporranno alla società emancipata, ma che sono inutili, o assurde, o ridicole se si pretende averne da noi una soluzione definitiva. Con quali metodi si educheranno i bambini? Come si organizzerà la produzione? Ci saranno ancora delle grandi città, o la popolazione si distribuirà egualmente su tutta la superficie della terra? E se tutti gli abitanti della Siberia vorranno passar l'inverno a Nizza? E se tutti vorranno mangiare pernici e bere vino del Chianti? E chi farà il minatore o il marinaio? E chi vuoterà i cessi? E i malati saranno assistiti a domicilio o all'ospedale? E chi stabilirà l'orario delle ferrovie? E come si farà se a un macchinista vengan le coliche mentre il treno sta in marcia?... E così di seguito fino a pretendere che noi possedessimo tutta la scienza e l'esperienza di là da venire, e che, in nome dell'anarchia, prescrivessimo agli uomini futuri a che ora debbono andare a letto, e quali giorni si debbono tagliare i calli.

Veramente se i nostri lettori aspettano da noi una risposta a queste domande, o almeno a quelle tra esse che sono veramente serie ed importanti, che sia più che la nostra opinione personale di questo momento, vuol dire che siamo mal riusciti nel nostro scopo di spiegar loro che cosa è l'anarchia.

Noi non siamo più profeti degli altri: e se pretendessimo dare una soluzione ufficiale a tutti i problemi che si presenteranno nella vita della società futura, noi intenderemmo l'abolizione del governo in un senso strano davvero. Noi ci dichiareremmo governo, e prescriveremmo, a mo' dei legislatori religiosi, un codice universale pei presenti e pei futuri. Fortuna che, non avendo noi roghi e prigioni per imporre la nostra Bibbia, l'umanità potrebbe ridere impunemente di noi e delle nostre pretese!

Noi ci preoccupiamo molto di tutti i problemi della vita sociale, e per l'interesse della scienza e perché facciam conto di vedere l'anarchia attuata e di concorrere come potremo all'organizzazione della nuova società. Abbiamo quindi le nostre soluzioni, che, secondo i casi, ci appaiono definitive o transitorie e ne diremmo qui qualche cosa, se non cel vietasse lo spazio. Ma il fatto che noi oggi, coi dati che possediamo, pensiamo in un dato modo sopra una data questione, non vuol dire è così che si farà in avvenire. Chi può prevedere le attività che si svilupperanno nell'umanità quando essa sarà emancipata dalla miseria e dall'oppressione, quando non vi saranno più schiavi né padroni, e la lotta contro gli altri uomini, e gli odii ed i rancori che ne derivano, non saranno più una necessità dell'esistenza? Chi può prevedere i progressi della scienza, i nuovi mezzi di produzione, di comunicazione, ecc.?

L'essenziale è questo: che si costituisca una società in cui non sia possibile lo sfruttamento e la dominazione dell'uomo sull'uomo; in cui tutti abbiano la libera disposizione dei mezzi di esistenza, di sviluppo e di lavoro, e tutti possano concorrere, come vogliono e sanno all'organizzazione della vita sociale. In tale società tutto sarà fatto necessariamente nel modo che meglio soddisfaccia ai bisogni di tutti, date le cognizione e le possibilità dei, momento; e tutto si trasformerà in meglio, a seconda che crescano le cognizioni ed i mezzi.

In fondo, un programma che tocca le basi della costituzione sociale non può far altro che indicare un metodo. Ed è il metodo quello che soprattutto differenzia i partiti e determina la loro importanza nella storia. A parte il metodo, tutti dicono di volere il bene degli uomini e molti lo vogliono davvero; i partiti spariscono e con essi sparisce ogni azione organizzata e diretta ad un finte determinato. Bisogna dunque soprattutto considerare l'anarchia come un metodo.

I metodi dai quali i diversi partiti, non anarchici, si aspettano e dicono di aspettarsi, il maggior bene di ciascuno e di tutti, si possono ridurre a due, quello autoritario e quello così detto liberale. Il primo, affida a pochi la direzione della vita sociale e mette capo allo sfruttamento ed all'oppressione della massa da parte di pochi. Il secondo s'affida alla libera iniziativa degli individui e proclama, se non l'abolizione, la riduzione del governo al minimo di attribuzioni possibile, però siccome rispetta la proprietà individuale ed è tutto fondato sul principio del ciascun per sé e quindi della concorrenza fra gli uomini, la sua libertà non è che la libertà pei forti, pei proprietari, di opprimere e sfruttare i deboli, quelli che non hanno nulla; e, lungi dai produrre l'armonia, tende ad aumentare sempre più la distanza tra i ricchi ed i poveri, e mette capo esso pure allo sfruttamento ed alla dominazione cioè all'autorità. Questo secondo metodo, cioè il liberalismo in teoria è una specie di anarchia senza socialismo, e perciò non è che una menzogna, poichè la libertà non è possibile senza l'eguaglianza, e l'anarchia vera non può esistere fuori della solidarietà, fuori del socialismo. La critica che i liberali fanno del governo, si riduce a volergli levare un certo numero di attribuzioni e chiamare i capitalisti a contendersele, ma non può attaccare le funzioni repressive che formano la sua essenza; poiché senza il gendarme il proprietario non potrebbe esistere, e anzi la forza repressiva del governo deve sempre crescere, a misura che crescono per opera della libera concorrenza la disarmonia e la disuguaglianza.

Gli anarchici presentano un metodo nuovo; l'iniziativa libera di tutti ed il libero patto, dopo che, abolita rivoluzionariamente la proprietà individuale, tutti sono stati messi in condizione eguale di poter disporre delle ricchezze sociali. Questo metodo, non lasciando adito alla ricostituzione della proprietà individuale, deve condurre, per la via della libera associazione, al trionfo completo del principio di solidarietà.

Così considerate le cose, si vede che tutti i problemi che si mettono avanti per combattere le idee anarchiche, sono invece un argomento in favore dell'anarchia, perché questa sola indica la via per la quale essi possono trovare sperimentalmente quella soluzione che corrisponde meglio ai dettami della scienza ed ai bisogni ed ai sentimenti di tutti.

Come si educheranno i bambini? Non lo sappiamo. E poi? I genitori, i pedagogisti, e tutti coloro che s'interessano alle sorti delle nuove generazioni, si riuniranno, discuteranno, s'accorderanno o si divideranno in diverse opinioni, e metteranno in pratica i metodi che crederanno i migliori. E colla pratica quel metodo, che davvero è migliore, finirà coi trionfare.

E così per tutti i problemi che si presenteranno.

Risulta da quello che abbiamo detto finora, che l'anarchia, quale l'intende il partito anarchico, e quale solo può essere intesa, è basata sul socialismo. Anzi se non fossero quelle scuole socialiste, che scindono artificiosamente l'unità naturale della questione sociale e ne considerano solo qualche parte staccata, e se non fossero gli equivoci coi quali si cerca d'intralciare la via alla rivoluzione sociale, noi potremmo dire addirittura che anarchia è sinonimo di socialismo, poiché l'una e l'altro significano l'abolizione della dominazione e dello sfruttamento dell'uomo sull'uomo, sia che vengano esercitati mediante la forza della baionette sia mediante l'accaparramento dei mezzi di vivere.

L'anarchia, al pari del socialismo, ha per base, per punto di partenza, per ambiente necessario *l'eguaglianza di condizioni*; ha per faro la *solidarietà*; e per metodo la *libertà*. Essa non è la perfezione, essa non è l'ideale assoluto che, come l'orizzonte, si allontana sempre a seconda che ci avanziamo; ma è la via aperta a tutti i progressi, a tutti i perfezionamenti, fatti nell'interesse di tutti.

Assodato che l'anarchia è il modo di convivenza sociale che solo lascia aperta la via al raggiungimento del maggior bene possibile degli uomini, poiché essa sola distrugge ogni classe interessata a tenere oppressa e misera la massa; assodato che l'anarchia è possibile e poiché in realtà non fa che sbarazzare l'umanità di un ostacolo, il governo, contro cui ha dovuto sempre lottare per avanzare nel suo penoso cammino, gli autoritarii si ritirano nelle loro ultime trincee; dove sono rinforzati da molti che pur essendo caldi amatori di libertà e di giustizia, han paura della libertà, e non sanno decidersi ad immaginare un'umanità che viva e cammini senza tutori e senza pastori, e, incalzati dalla verità, domandano pietosamente che si rimetta la cosa al più tardi, al più tardi possibile.

Ecco la sostanza dagli argomenti che in questo punto della discussione ci vengono opposti.

Questa società senza governo, che si regge per mezzo della cooperazione libera e volontaria; questa società, che s'affida in tutto all'azione spontanea dagl'interessi ed è tutta fondata sulla solidarietà e sull'amore, è certamente, essi dicono, un ideale bellissimo ma, come tutti gli ideali, sta nelle nuvole. Noi ci troviamo in una umanità che ha sempre vissuto divisa in oppressi ed oppressori; e se questi sono pieni dello spirito di dominazione ed hanno tutti i vizii dei tiranni, quelli sono rotti al servilismo ed hanno i vizii anche peggiori che produce la schiavitù. Il sentimento della solidarietà è lungi dall'essere dominante tra gli uomini attuali, e se è vero che gli uomini sono e diventano sempre più solidali tra loro, è anche vero che quello che più si vede e più lascia l'impronta sul carattere umano è la lotta per l'esistenza, che ciascuno combatte quotidianamente contro tutti, è la concorrenza che incalza tutti, operai e padroni, e fa che ogni uomo diventi il lupo dell'altro uomo. Come mai potranno questi uomini, educati, in una società basata sull'antagonismo delle classi e degli individui, trasformarsi d'un tratto e divenire capaci di vivere in una società in cui ciascuno farà quel che vorrà, e dovrà, senza coercizione esterna, per impulso della propria natura, volere il bene degli altri? E con che coraggio, con che senno affidereste voi le sorti della rivoluzione, le sorti della umanità, ad una turba ignorante, anemizzata della miseria, abbrutita dal prete, che oggi sarà stupidamente sanguinaria, e domani si farà goffamente raggirare da un furbo, o piegherà servilmente il collo sotto il calcagno del primo uomo d'armi che oserà farsi padrone? Non sarà più prudente avviarsi all'ideale anarchico passando per una repubblica democratica o socialista? Non sarà necessario un governo educatore, composto dei migliori, per preparare le generazioni ai destini futuri?

Anche queste obiezioni non avrebbero ragion di

essere se noi fossimo riusciti a farci capire ed a convincere i lettori in quello che abbiamo detto più avanti; ma in ogni modo, anche a costo di doverci ripetere, sarà bene rispondervi.

Noi ci troviamo sempre di fronte al pregiudizio che il governo sia una forza nuova, sorta non si sa di dove, che aggiunga per se stesso qualche cosa alla somma delle forze e delle capacità di coloro che lo compongono e di coloro che gli ubbidiscono. Invece tutto ciò che si fa nell'umanità, si fa dagli uomini; ed il governo, come governo, non ci mette di suo che la tendenza a far di tutto un monopolio a favore di un dato partito o di una data classe, e la resistenza contro ogni iniziativa che sorge fuori della sua consorteria.

Abolire l'autorità, abolire il governo non significa distruggere le forze individuali e collettive che agiscono nell'umanità, né le influenze che gli uomini esercitano a vicenda gli uni su gli altri:questo sarebbe ridurre l'umanità allo stato di ammasso di atomi staccati ed inerti, cosa che è impossibile, e che, se mai fosse possibile, sarebbe la distruzione di ogni società, la morte dell'umanità. Abolire l'autorità, significa abolire il monopolio della forza e dell'influenza; significa abolire quello stato di cose per cui la forza sociale, cioè la forza di tutti, è stata strumento del pensiero, della volontà, degli interessi di un piccolo numero d'individui, i quali, mediante la forza di tutti, sopprimono, a vantaggio proprio e delle proprie idee, la libertà di ciascuno; significa distruggere un modo di organizzazione sociale col quale l'avvenire resta accaparrato, tra una rivoluzione e l'altra, a profitto di coloro che sono stati i vincitori di un momento.

Michele Bakunin in uno scritto pubblicato nel 1872, dopo aver detto che i grandi mezzi d'azione dell'*Internazionale* erano la propaganda delle sue idee e l'organizzazione dell'azione naturale dei suoi membri sulle masse, aggiunge:

"A chiunque pretendesse che un'azione così organizzata sarebbe un attentato contro la libertà delle masse, un tentativo di creare un nuovo potere autoritario, noi risponderemmo ch'egli non è che un sofista ed uno sciocco. Tanto peggio per quelli che ignorano la legge naturale e sociale della solidarietà umana, al punto da immaginare che un'assoluta indipendenza mutua degl'individui e delle masse sia una cosa possibile, o almeno desiderabile. Desiderarla significa volere la distruzione della società, poiché tutta la vita sociale non è altra cosa che questa indipendenza mutua, incessante degli individui e delle masse.

Tutti gli individui, siano pure i più intelligenti ed i più forti, anzi soprattutto i più intelligenti ed i più forti, ne sono, in ogni istante della loro vita, nello stesso tempo i produttori ed i prodotti. La stessa libertà di ogni individuo non è che la risultante, riprodotta continuamente, di questa massa d'influenze materiali, intellettuali e morali, esercitate sopra di lui da tutti gli individui che lo circondano dalla società in mezzo a cui egli nasce, si sviluppa e muore. Volere sfuggire a questa influenza, in nome di una libertà trascendentale, divina, assolutamente egoista e bastante a se stessa, è la tendenza al non essere; volere rinunziare ad esercitarla sugli altri, significa rinunciare ad ogni azione sociale, all'espressione perfino dei suoi pensieri e dei suoi sentimenti, e si risolve pure nel non-essere Questa indipendenza, tanto vantata dagl'idealisti e dai metafisici, e la libertà individuale, concepita in questo senso, sono dunque il niente.

"Nella natura, come nella società umana, che non è altra cosa che questa stessa natura, tutto ciò che vive, non vive che alla condizione suprema d'intervenire, nel modo più positivo e tanto potentemente quanto lo comporta la sua natura, nella vita degli altri. L'adozione di questa influenza mutua sarebbe la morte. E quando noi rivendichiamo la libertà delle masse, non pretendiamo per nulla abolire nessuna delle influenze naturali che individui o gruppi d'individui esercitano su di esse: ciò che noi vogliamo è l'abolizione delle influenze artificiali, privilegiate, legali, ufficiali".

Certamente, nello stato attuale dell'umanità, quando la grande maggioranza degli uomini, oppressa dalla miseria ed istupidita dalla superstizione, giace nell'abbiezione, le sorti umane dipendono dall'azione di un numero relativamente scarso d'individui; certamente non si potrà da un momento all'altro far sì che tutti gli uomini si elevino al punto da sentire il dovere, anzi il piacere di regolare tutte le proprie azioni in modo che ne derivi agli altri il maggior bene possibile. Ma se oggi le forze pensanti e dirigenti dell'umanità sono scarse, non è una ragione per paralizzarne ancora una parte e per sottoporne molte ad alcune di esse. Non è una ragione per costituire la società in modo che, grazie all'inerzia che producono le posizioni assicurate, grazie alla eredità, al protezionismo, allo spirito di corpo, ed a tutta quanta la meccanica governativa, le forze più vive e le capacità più reali finiscono col trovarsi fuori del governo e quasi prive d'influenza sulla vita sociale; e quelle che giungono al governo, trovandosi spostate dal loro ambiente, ed interessate anzitutto a restare al potere, perdano ogni potenza di fare e solo servano di ostacolo agli altri.

Abolita questa potenza negativa che è il governo, la società sarà quello che potrà essere, ma *tutto* quello che potrà essere, date le forze e le capacità del momento. Se vi saranno uomini istruiti e desiderosi di spandere l'istruzione, essi organizzeranno le scuole e si sforzeranno per far sentire a tutti l'utile ed il piacere d'istruirsi. E se questi uomini non vi fossero o fossero pochi, un governo non potrebbe crearli; solo potrebbe, come infatti avviene oggi, prendere quei pochi, sottrarli al lavoro fecondo, metterli a redigere regolamenti che bisogna imporre coi poliziotti, e da insegnanti intelligenti e passionati farne degli *uomini politici*, cioè degli inutili parassiti, tutti preoccupati d'imporre le loro fisime e di mantenersi al potere.

Se vi saranno medici ed igienisti, essi organizzeranno il servizio di sanità. E se non vi fossero, il governo non potrebbe crearli; solo potrebbe, per il sospetto, troppo giustificato, che il popolo ha contro tutto ciò che viene imposto, levar credito ai medici esistenti, e farli massacrare come avvelenatori quando vanno a curare i colerosi. Se vi sono ingegneri, macchinisti, ecc. organizzeranno le ferrovie. E se non vi fossero, ancora una volta il governo non potrebbe crearli.

La rivoluzione, abolendo il governo e la proprietà individuale, non creerà forze che non esistono; ma lascerà libero campo all'esplicazione di tutte le forze, di tutte le capacità esistenti, distruggerà ogni classe interessata a mantenere le masse nell'abbrutimento, e farà in modo che ognuno potrà agire ed influire in proporzione della sua capacità, e conformemente alle sue passioni ed ai suoi interessi.

E questa è la sola via per la quale le masse possano elevarsi, poiché è solo colla libertà che uno s'educa ad esser libero, come è solo lavorando che uno può imparare a lavorare. Un governo, quando non avesse altri inconvenienti, avrebbe sempre quello di abituare i governati alla soggezione, e di tendere a diventare sempre più opprimente e farsi sempre più necessario.

D'altronde, se si vuole un governo che debba educare le masse ed avviarle all'anarchia, bisogna pure indicare quale sarà l'origine, il modo di formazione di questo governo.

Sarà la dittatura dei migliori? Ma chi sono i migliori?

E chi riconoscerà loro questa qualità? La maggioranza sta d'ordinario attaccata a vecchi pregiudizii, ed ha idee ed istinti già sorpassati da una minoranza meglio favorita; ma fra le mille minoranze che tutte credono di aver ragione, e tutte possono averla in qualche parte, da chi e con qual criterio si sceglierà, per mettere la forza sociale a disposizione di una di esse, quando solo l'avvenire può decidere fra le parti in litigio? Se pigliate cento partigiani intelligenti della dittatura, voi scoprirete che ciascuno di loro crede che egli dovrebbe, se non essere proprio il dittatore, o uno dei dittatori, almeno trovarsi molto vicino alla dittatura. Dunque dittatori sarebbero coloro che, per una via o per un'altra, riuscissero ad imporsi; e, coi tempi che corrono, si può esser sicuri che tutte le loro forze sarebbero impiegate nella lotta per difendersi contro gli attacchi degli avversarii, lasciando in dimenticanza ogni velleità educatrice, se mai ne avessero avute.

Sarà invece un governo eletto a suffragio universale, e quindi l'emanazione più o meno sincera del volere della maggioranza? Ma se voi considerate questi bravi elettori come incapaci di provvedere da loro stessi ai propri interessi, come mai essi sapranno scegliersi i pastori che debbono guidarli e come potranno risolvere questo problema di alchimia sociale, di far uscire l'elezione di un genio dal voto di una massa di imbecilli? E che ne sarà delle minoranze che pur sono la parte più intelligente, più attiva, più avanzata di una società?

Per risolvere il problema sociale a favore di tutti non vi è che un mezzo: scacciare rivoluzionariamente i detentori della ricchezza sociale, mettere tutto a disposizione di tutti, e lasciare che tutte le forze, tutte le capacità, tutte le buone volontà esistenti fra gli uomini agiscano per provvedere ai bisogni di tutti.

Noi combattiamo per l'anarchia e per il socialismo, perché crediamo che l'anarchia ed il socialismo si debbano attuare subito, vale a dire che si deve nell'atto stesso della rivoluzione scacciare il governo, abolire la proprietà ed affidare i servizi pubblici, che in quel caso abbracceranno tutta la vita sociale, all'opera spontanea, libera, non ufficiale, non autorizzata di tutti gl'interessati e di tutti i volenterosi.

Vi saranno certamente difficoltà ed inconvenienti; ma essi saranno risoluti, e solo potranno risolversi anarchicamente, cioè mediante l'opera diretta degli interessati ed i liberi patti.

Noi non sappiamo se alla prossima rivoluzione trionferanno l'anarchia ed il socialismo; ma certamente se dei programmi cosiddetti di transazione trionferanno, sarà perché noi, per questa volta, saremo stati vinti, e mai perché avremo creduto utile lasciare in vita una parte del mal sistema, sotto cui geme l'umanità.

In ogni modo avremo sugli avvenimenti quell'influenza che ci verrà dal nostro numero, dalla nostra energia, dalla nostra intelligenza e dalla nostra intransigenza. Anche se sarem vinti, la nostra opera non sarà stata inutile, poiché più saremo stati decisi a raggiungere l'attuazione di tutto il nostro programma, e meno proprietà e meno governo vi sarà nella nuova società. E avrem fatto opera grande, perché il progresso umano si misura appunto dalla diminuzione del governo e dalla diminuzione della proprietà privata.

E se oggi cadremo senza piegar bandiera, possiamo esser sicuri della vittoria di domani.

E. Malatesta
1891

Copyright © 2020 by FV Éditions
ISBN EBOOK 979-10-299-0830-9
ISBN PAPERBACK 9798610140193
ISBN HARDCOVER 979-10-299-0831-6
All rights reserved.

www.ingramcontent.com/pod-product-compliance
Lightning Source LLC
LaVergne TN
LVHW042246070526
838201LV00089B/45